Samuel Wilhelm Oetter

Historische Beschreibung des Wappens der Herren von Eib

Samuel Wilhelm Oetter

Historische Beschreibung des Wappens der Herren von Eib

ISBN/EAN: 9783743368071

Hergestellt in Europa, USA, Kanada, Australien, Japan

Cover: Foto ©ninafisch / pixelio.de

Manufactured and distributed by brebook publishing software (www.brebook.com)

Samuel Wilhelm Oetter

Historische Beschreibung des Wappens der Herren von Eib

Historische Beschreibung des Wappens der Herren von Eib

von

Samuel Willhelm Oetter,
Hochfürstl. Brandenburg. Geschichtschreiber.

Den
vornehmen Gliedern
des
so zahlreich blühenden
Reichsfreyherrlichen
Hauses von Eib
widmet
diese Blätter
zum Zeichen
seiner großen Verehrung
gegen
Hochdieselben,
mit dem Wunsche,
daß Gott
dieß uralte Haus
noch ferner segnen, und bis an das Ende
der Welt im dauerhaften Flor erhalten
wolle

der Verfasser.

§. 1.

Die Alten sind nicht unrichtiger und fabelhafter, als wenn sie den Ursprung und die Bedeutung der Wappenbilder beschreiben. Hier will ich zum Beweis nur ein Exempel anführen. Wenn ich aber meine neue Betrachtung über das Mainzische Wappen an das Licht tretten laße, alsdenn will ich mehrere Exempel beibringen. Jezt will ich nur das Wappenbild der Herren von Eib zur Probe auffstellen. Von dem Ursprung dieses Wappens findet man diese Nachricht: (a) Bericht Ludwigen von Eib des Eltern auf Kunting und Hohenwartt gegen Ludwigen von Eib den Jüngern als Sohn und seiner Brudere

---

(a) In Hockers Heilsbronnischen Antiquitäten=Schatz S. 216.

dere Administratoren in beschehener Zusammenkunft und gehaltener Abred zu Gloz, den 4. Junii alten Calenders Anno 1588. Hier stehet nun also: Vor dritthalb hundert Jahren haben die des Geschlechts derer von Eyb in Schild und Helm unten und oben einen Pfauen geführt; als aber das Geschlecht bis uff einen, des Namens Ludwig von Eyb, abgestorben, habe sich derselb bei R. K. Majestaet (wird K. Ludouicus Bauarus gewesen seyn) mit Diensten zu Hof viel lange Jahr verhalten, endlich sich aufs Meer wider den Erbfeind Christlichen Namens, den Türken, begeben, und tapfer gebrauchen laßen, denn er ist zum heiligen Land gereiset, und zu Ritter geschlagen worden, do er nun zwey Jahr ausen, und durch Befelchshabere seines Wolverhaltens willen zu einer Hauptmannschaft befördert worden, hat er gegen den Türken einen nahmhaften Sieg erhalten, und nach Vollendung desselben ist den Kriegleuten abgedanket worden, und er sich wiederum zum Kaiserlichen Hof-Lager begeben, da man seine ritterliche Thaten bey Kaiserl. Maiest. (wird Carolus IV. gewesen seyn) gerühmet, haben sich dieselben gnädigst erbotten, ihme Ludwigen von Eyb seiner getreuen Dienste wegen mit einer Verehrung, dabey er Kaiserl. Maiestät gnädigsten

digsten Willen mehrers spühren solle, zu bedenken. Aber vorgemelder von Eyb hat sich solches gnädigsten Willens unterthänigst bedanket, und kürzlich angezeigt, er wolle an Kaiserl. Majest. eine Bitte thun, die treffe weder Geld noch große Güter an, und wäre das, weil er iezt der Lezte seines Namens und Stammes wäre, darum er dann beßern Fug hab, seines Wappens Aenderung fürzunehmen, also wollen Ihro Kaiserl. Majest. in den Schild (in Erwegung er auf dem Meer gekriegt) drey rothe Meer-Muscheln in weisen Feld, dann uffm Helm eine guldne Crone (weil er Kaiserl. Maiest. Diener gewesen) und in die Cron einen halben Pfauen mit Schwanen-Flügeln hinvorderst also zu führen gnädigst Willfahrung thun. Dieses sein Bitten hat alsbald statt gefunden, zu deme noch mehrers die Kaiserin ihme einen güldenen Ring mit einem Türckis verehret, daß denselben er, um Gedächtnus wegen, dem Pfauen um den Hals führen soll, und hat sich Kais. Maiestaet ferner gnädigster Beförderung gegen ihme erkläret, solches er zu diesem mahl mit großem unterthänigsten Dank angenommen, das ist geschehen Anno Christi 1305. (b)

(b) Dazu setzet Hocker dieses: Wird wol verschrieben seyn

Nach dreyen Jahren ist von H. R. Reich eine starke Hülff Reuter und Knecht ins Königreich Ungarn wider den Türken verschickt worden, und weil iezt-gemelder Ludwig von Eyb sich zuvor zu Waßer als ein Kriegs-Mann gebrauchen laßen, hat er ihme gänzlich fürgenommen, sich zu Land auch etwas mehreres zu versuchen, und aufs unterthänigst angehalten; bei Röm. Kaiserl. Maiestaet, ist ihm solcher Zug in Ungarn gnädigst verwilliget, und endlich zu einem Obersten erkieset worden, darauf er in Gottes-Namen fortgerückt, und sich in Ungarn zwey Jahr lang uffgehalten, darbei neben seinem untergebenen Kriegsvolk sich also erzeigt, daß männiglich sonders Gefallen gehabt. Als er nun wiederum zum Kaiserl. Hof neben andern mehr Befehls-Leuten abgefordert worden, sind Ihro Kaiserl. Maiestaet ihme, Ludwig von Eyb, also gnädig gewogen gewesen, daß Sie ihme eine freye Wahl gestellet, er soll selbsten ein Begehren thun, dann Ihro Kais. Maiestaet sind bedacht, umb seines redlichen Verhaltens willen, ihme annehmliche Ergözlichkeit zu thun; darauf er

---

seyn und vielleicht 1350. heissen müssen; dann nur etwan 3 Jahre zuvor ist R. Carl IV.; bei dessen Gemalin dieser Ludwig von Eib Hofmeister gewesen, erwählet worden.

er geantwortet, Er begehre von Ihro Kaiserliche Maiestaet anders nichts, allein wenn er so viel erhalten könnte, daß ihme gnädigst vergunt werden mögte, dieweil er dem Königreich Ungarn gedient, daß man uff die Ducaten, welche hinfürder gemünzt, unten an dem Schafft der Hellparoten seinen Schild mit drey Muscheln mögte auch mit darauf schlagen, daß solches auch in künftig seine Erben und Nachkommen seines Verhaltens Wißenschaft und Zeugnis haben mögten. Auf diese angehörte Bitt hat Kaiserl. Maiestaet Befelchs gethan, daß man die Ungarische Ducaten mit dem Präg der Muscheln schlagen und jedesmal also münzen solle. Man findet auch noch an den alten Ungarischen Ducaten dergleichen Schlag der Muscheln, wie ich denn auch einen bekommen habe, und seynd auch bey den Juden zu Prag derselben noch mehr zu erkunden. Extrahiret aus einem geschriebenen Buch in Regal gebunden, aus der Kuntingischen Bibliothec.

Bisher obiger Bericht.

Und diese Nachricht wiederholet der Herr von Falkenstein in der Geschichte des Hochstifts Eichstett (c) von Wort zu Wort, und bezeuget damit, daß er ihr Beifall gebe.

(c) Im zweyten Theil S. 59.

§. 2.

Dieser Nachricht sollte man allerdings Beifall geben, weil selbst ein Herr von Eib sie mitgetheilet hat, und von dem man glauben sollte, daß er von seinem Stammwappen die beßte Nachricht haben müßte. Aber so ist dieß eine fehlerhafte Erzählung, welche er vermuthlich von andern gehöret hat. Dieß hat mich nun bewogen, eine historische, das ist, in der Wahrheit gegründete Beschreibung des Eibischen Wappens zu verfertigen, und wozu mich ein auswärtiger vornehmer Gönner noch mehr aufgefordert hat (d). Daß obige Erzählung nicht gegründet seie, dieß bezeuget das Sigel, welches auf dem Tittelblatt in Kupfer zu sehen ist. Es hänget an einer Urkunde vom Jahr 1381. welche im Hochfürstlichen Archiv zu Onoldsbach befindlich, und davon die richtigste Zeichnis genommen worden. Es hat die Umschrift: S. Friderize de Eib. (e) Man siehet in demselben den Pfauenkopf und Hals auf

das

(d) Nämlich der Kurpfälzbairische Regierungsrath und geheime Referendarius Herr von Eib.

(e) Ich habe selbiges der Sorgfalt des Herrn Hofrath und geheimen Archivarius Stieber nebst vielen andern zu danken.

das deutlichste. Dieß soll eigentlich einen ganzen Pfauen vorstellen. Denn es ist in der Heraldic sehr gewöhnlich, daß ein Theil eines Thieres, besonders der Kopf, das ganze Thier abbilden solle. (f) Hieraus kann dieser unwidersprechliche Schluß gemacht werden. Führeten die Herren von Eib noch im Jahr 1381. einen Pfauen im Schilde: so ist nicht wahr, daß sie im Jahr 1305. von dem Kaiser Ludwig die Muscheln bekommen haben. Damals war dieser Herr auch noch nicht Kaiser. Zocker will zwar diesem Fehler abhelfen (S. 217) und saget, es müße vielleicht 1350. stehen, weil nur etwan drey Jahre zuvor dieser Ludwig bei der Gemalin K. Carls des Vierten Hofmeister gewesen seie. Falkenstein thut am angezogenen Orte ein gleiches. Aber auch dieß hilft dieser fabelhaften Erzählung aus angezeigter Ursache nicht ab. Es ist eine ganz andere Ursache, warum die Herren von Eib ihr altes Wappenbild, den Pfauen, verlaßen, oder aus dem Schilde weggelaßen, und an deßen Stelle drei Muscheln gesezt haben. Dieß soll iezt gezeiget werden.

§. 3.

(f) Wie ich an dem Wappenbild der Freiherren Riedesel von Elsenbach in einer besondern Schrift gezeiget habe. In diesem Wappen oder Schild siehet man nur einen Eselskopf, welcher ein Riedgras im Maule hat, und doch heißt er ein Riedesel.

§. 3.

Damit ich aber umständlich bin: so muß zuvor von dem Stammhaus der Herren von Eib etwas beigebracht werden. Dieß Eib lieget der hochfürstl. Residenzstadt Onoldsbach ganz nahe. (g)

Da

(g) Die Rudera des Schloßes Eib siehet man ohnweit der Kirche dieses Orts. Denn die Schlößer und die Kirchen wurden insgemein ganz nahe zusammengebauet; damit die Herren nicht weit in selbige zu gehen hatten. Der Herr Geheime Rath Strebel schreibet in der Franconia illustrata pag. 23. in der Anmerkung, es komme andern und ihm selbst wahrscheinlicher vor, daß das rechte Stammhaus der Herren von Eib das noch stehende Schloß Eibburg seie. Mir aber kommt dieß gar nicht wahrscheinlich vor. Dieß Eibburg hat, wie leicht zu begreifen ist, seinen Namen von einem Herrn von Eib bekommen. Also muß Eib eheuder gewesen seyn als Eibburg. Folglich kann dieß Eibburg nicht das Stammschloß des Eibischen Hauses seyn. Und da bekannt ist, daß Ludwig von Eib, der Vater des Bischofs Gabriels zu Eichstätt, den Lobenhof als ein frei adeliches Gut erkauft, und daselbst ein Schloß erbauet, welches er Eibburg genennet hat: so sieht man, wie gefehlt es ist, wenn man dieß

Da diese Stadt oder vielmehr diese Herrschaft dem Kaiserlich-Hohenstaufischen Hause als ein Eigenthum gehörte: so war auch dieß Eib mit darunter begriffen. In den ältern Zeiten wurde es Jwe geschrieben, davon unten der Beweis vorkommen wird. Und im dreyzehenden Jahrhundert wurde es bald Jb (h) oder Jbe, und bald Jwe geschrieben. So steht in dem hochstifts Würzburgischen Lehenbuch unter dem Jahr 1303. Ludouicus de *Ibe* tenet decimam in —— Unter dem Jahr 1317. Dietmarus de *Iwe* tenet ex resignatione Johannis de *Iwe* decimam in —— 1319. Dietmarus de *Iwe* miles recepit unum pratum —— So wird dieser Ort in andern Urkunden mehr geschrieben. Dieß kommt nun daher, weil

---

dieß Schloß für das Stammhaus der Herren von Eib hält. Falkenstein gibet im Cod. Diplom. pag. 124. in der Anmerkung hievon Nachricht. Die Herren von Eib haben nachgehends dieß Schloß dem Hochstift Eichstätt zu Lehen aufgetragen. Im Jahr 1622. aber hat der Bischof Johann Christoph dieß Schloß für 21500 Gulden erkauft.

(h) In des Herrn von Senkenberg Sammlung rarer Schriften im ersten Theil S. 110 stehet: Ludwig von Jb.

weil das b wie ein w damals ausgesprochen wurde. (i) Eib aber hat man, bis auf das vierzehende Jahrhundert niemals geschrieben; weil die Alten das e und i nicht beisammen ließen. (k) Daher schrieben sie Jb. Noch weniger aber schrieben sie Eyb. Dieß siehet man aus den beigebrachten Zeugnissen, und insonderheit aus dem in Kupfer gestochenen Sigel. Die Alten konnten auch nicht Eyb schreiben; weil sie kein y hatten. Also sollte man auch noch Eib und nicht Eyb schreiben. Was aber das Wort zu bedeuten habe, das ist schwer zu sagen. Es gibt ein gewisses Holz, welches Eibenholz genennet wird, und ist eine Art von Eichen. (l) Vielleicht stund ein solcher Wald an dem Ort, wo Eib angebauet wurde. Unzählige Orte bauet man in den Wäldern an. Daher hat man auch eine Menge Orte, welche von dem Holz ihren Namen haben, wohin sie gebauet wurden. Nur ist dieß dabei zu bemerken, daß

(i) Man findet hievon in den ältern Schriften und Urkunden eine Menge Exempel.

(k) Sie sagten nicht Fleisch, sondern Flesch; nicht drei, sondern dre.

(l) So stehet in einem alten geschriebenen Lexicon Tlex Eibenholz.

daß Eib iezt gar keinen Wald habe. Doch kann es ehehin einen solchen Wald gehabt haben.

§. 4.

Die Herren von der Ritterschaft und überhaupt der hohe und niedere Adel schrieben sich von dem Orte, wo sie wohnten. Und dieß war gleichsam ihr Zuname. Darum schrieben sich auch die Herren von Eib von gedachtem Dorfe. Es kann seyn, daß diese Familie ehehin an einem Orte gewohnt, und auch einen andern Namen geführet, selbigen aber, als einer davon nach Eib zog, verlassen, und dafür einen andern Namen angenommen hat. Es war dieß ehehin sehr gewöhnlich, und man kann davon genug Exempel anführen. Ein Herr von dem Eibischen Hause zog nach Nürnberg. Vermuthlich wurde er daselbst unter die Castrenses (m) aufgenommen, oder unter diejenigen, welche die kaiserliche Burg mußten vertheidi-

---

(m) So wurden diejenigen genennet, welche eine kaiserliche Burg mußten vertheidigen helfen. Daher ist das Wort Burger entstanden. Dieß Wort hatte aber ehehin mehr zu bedeuten, als heut zu Tage. Denn niemand als vom Militärstande wurde damit beleget.

theidigen helfen. Dieß ging um so ehender an, weil Nürnberg auch Kaiserlich wie Onoldsbach war. Weil diese zwo Linien zweierlei Lehen hatten, und an verschiedenen Orten wohnten: so unterschieden sie sich durch die Wappenbilder von einander, und nennten sich auch darnach. Diejenigen, welche in Eib wohnten, nennten sich die **Pfauen** von **Eib** (n), und in den lateinischen Urkunden Pavo de Iwe. (o) Also stehet in einer Urkunde vom Jahr 1295. Otto de Dietenhoven, *Pavo de Iwe* (p) Walterus, Burchardus, Johannes Milites, & Conradus Pfaff Militaris fratres dicti de Seckendorf. — Diesen Namen bekamen sie nun von ihren Wappenbild. Es war ehehin sehr gewöhnlich, daß adeliche Personen ihre Zunamen von den Wappenbildern nahmen, und sich dadurch von andern Familien unterschieden. (q) Es giebt außerdem noch eine Familie,

---

(n) Wie beim Hocker S. 215 zu sehen ist. Das Wort Pfau wurde ehehin auch Pfob geschrieben.

(o) Diese Urkunde befindet sich in meinem *Versuch einer gegründeten Nachricht von den Ministerialibus Imperii* pag. 268.

(p) Der Vorname dieses Pavo de Iwe kann im Original nicht mehr gelesen werden.

(q) Wie z. E. die Herren Riedesel.

Familie, welche den Zunamen Pfau führte. Dieß findet sich in einer Urkunde vom Jahr 1397, allwo am Ende stehet: Johann Schilling von Vielke, Pfae von Homburg (r). Das Wort Pfae bedeutet nichts anders als Pfau (s). Es ist eigentlich aus dem lateinischen Wort Pavo entstanden (t), und ohnfehlbar hatte er auch einen Pfauen im Schilde. Warum aber ein Herr von Eib einen Pfauen in den Schild nahm, oder damit den Schild bezeichnete, das kann nicht gesagt werden (u). Der Pfau ist ein Bild von ver-

schie-

(r) In des Freiherrn von Gudenus Cod. Diplom. Tom. III. pag. 633.

(s) Wie in dem Register des erst angezeigten Buchs bemerket wird. In einem alten geschriebenen lateinischen Lexicon stehet: pavo phab. Eigentlich sollte es pav oder pab heißen. Man hatte aber in Gewohnheit bald ein f bald ein h zu einem Buchstaben zu setzen, wo es doch nicht hingehöret. Endlich machte man aus phab, pfau. Man liebte zischende Worte. Doch dieß war in den ältern Zeiten nicht gewöhnlich.

(t) Das lateinische Wort Pavo soll von der Stimme des Pfauens genommen seyn.

(u) So kann auch von den allerwenigsten Wappenbildern eine Ursache angegeben werden, warum sie sind beliebet worden.

schiedenen Dingen (x). Aber dergleichen Bedeutungen schlagen hier nicht an. Denn die Bilder in dem Schilde sind ursprüngliche Marken, womit der Schild bezeichnet, und wodurch ein Schild von dem andern unterschieden wurde. Vielleicht hat ein Herr von Eib bei einem Kreuzzuge in das gelobte

---

(x) *Pierius* in Hieroglyph. pag. 220. zeiget selbige an. Sie schlagen aber hier nicht an. Und Franz in Historia animalium p. m. 359. schreibet, der Pfau habe fünf Hauptfehler, nämlich er sele collida, ambitiosa, invida, malevola, libidinosa. Aber deswegen kann er nicht zu einem Wappenbild genommen worden seyn. Besser lautet es, wenn Spener in Histor. Insign. pag. 223. §. 39. schreibet: Honorifica vtique significatio in eorum animis fuit, qui ea delectati in clypeos recipere. *Andr. du Chesn. histor. geneal. de la maison de Montmorency* l. 1. cap. 3. pag. 29. Pavonem symbolum dicit potentiae, sublimitatis & majestatis, quia olim pavo non nisi Diis, Regibus & Principibus attributus sit. Forte, quod infinitis oculis suis prospicere debeant pagani Jovem, Deos caeteros congregantem, repraesentare solent pavoninis pennis texta, — — Alii in pavone symbolum agnoscere celebritatis & famae gloriosae, vel viri generosi, quem praemia virtuti concessa amplius excitent

gelobte Land ein solches Thier mit heraus gebracht, und zum Andenken dieses Zugs selbiges in seinen Schild gesetzt. So kann auch die Ursache nicht angegeben werden, warum der Pfau nicht ganz ist in dem Schilde vorgestellet worden, da doch der Schweif das schönste an ihm ist, und man mit dessen Feder, wie auch mit dem ganzen Schweife den Helm gezieret hat, wie unter andern die alten Kleinodien auf dem Zollerischen und Oettingischen Helm bezeugen. So viel ist gewiß, daß ein besonderer Zufall mag einen Herrn von Eib bewogen haben, den Pfauen in dieser Gestalt in seinen Schild zu setzen; denn ehehin hatte ieder die Freiheit, in seinen Schild zu nehmen, was ihm beliebte. Die Franken nahmen keine Thierbilder in ihren Schild. Da nun ein Herr von Eib dieß gleichwol gethan hat: so folget, daß ein besonderer Zufall ihn dazu veranlasset habe. (y)

(y) Bei den Römern war der Pfau nach dem Adler der vornehmste Vogel. Er war der Göttinn Juno gewidmet, so wie der Adler dem Jupiter. Aber deßwegen haben ihn die Deutschen wol nicht zu einem Wäppenbild erwählet. Mit dem Adler hat es freilich eine andere Bewandnis.

Hiebei muß ich noch eine nöthige Anmerkung machen. Es war ehehin nicht gewöhnlich, daß man den Zunamen von dem Wappenbild und von dem Ort, wo man wohnte, zugleich annahm, wie die Herren von Eib thaten, als die sich von ihrem Wappenbild die Pfauen, und dabei von Eib ihren Siz schrieben. Ich komme daher auf die Gedanken, daß sie ehehin nur den Namen Pfau geführet haben, so wie die Herren Riedesel nach ihrem Wappenbild auch nur Riedesel genennet wurden. Dieß mag daher kommen: Wenn mehrere solche Personen in einer Burg oder Stadt wohneten, wie gewöhnlich war, denn sie führeten das Regiment in selbigen: so konnten sie sich nicht alle von der Burg oder Stadt schreiben, oder ihren Zunamen davon nehmen; denn dieß würde eine Unordnung unter den Familien gemacht haben. Daher bekamen sie Zunamen von ihrem Wappenbild. Eben so mag es auch mit den Herren Pfauen von Eib beschaffen seyn. Ohnfehlbar wohneten sie zuvor in einer kaiserlichen Burg oder Stadt. Ohnfehlbar war dieß Onoldsbach; denn dieser Ort nebst dem dazu gehörigen Land und Leuten, war ein Eigenthum des Kaiserlich-Hohenstaufischen Hauses, wie bekannt ist. Ohnfehlbar wohneten die Stammväter der Herren von

Eib

Eib zuerst an diesem Ort, und versahen das Regiment in selbigen. Ohnfehlbar nennte man sie von ihrem Wappenbild die Pfauen. Und als sie mit der Zeit Eib bekamen, und dahin zogen: so brachten sie auch den Zunamen Pfau mit dahin, und nennten sich nun nach ihrem Siz die Pfauen von Eib. Ohnfehlbar haben diese Gedanken ihren Grund.

§. 5.

Nun komme ich auf die andern Herren von Eib, welche nach Nürnberg gezogen sind. Wenn es der historischen Nachricht von Nürnberg nachgehet; so wohnten sie schon im zwölften Jahrhundert daselbst; denn im Jahr 1197. befand sich einer auf dem Turnier, welchen K. Heinrich halten laßen. Diese behielten den Namen Eib bei, ob sie gleich ihre Wohnung veränderten. Doch nahmen sie auch einen Zunamen an, und auch ein anderes Wappenbild. Sie nennen sich die Pilgrime oder Pilgraine von Eib. Und dieser Zuname ist auch von dem Wappenbild entstanden. Zu dem Wappenbild aber gab auch ein besonderer Zufall oder eine Begebenheit Anlaß. Damit dieß recht deutlich werde: so muß ich den Namen Pilgrim vorerst erklären. Und da muß bemerket

werden, daß er einmal ein Vor- oder ein Tauf-
name gewesen seie. Es kommt also in den Urkunden und in den Geschichtsbüchern unzählig oft vor,
und zwar in den lateinischen stehet peregrinus. (z)
Ob das Wort Pilger, Pilgrim und Pilgram
aus dem lateinischen Peregrinus entstanden (a)
seie, das will ich nicht behaupten. Es könnte
auch ein deutsches Wort seyn. Dieß Wort wird
in den Urkunden auch Pilgerinus geschrieben. (b)
Eigentlich bedeutet es einen Wanderer. (c) Im
Baireuthischen Fürstenthum lieget ein Dorf, welches

(z) Unter vielen andern findet sich dieser Name also in
des Freiherrn von Gudenus Cod. Diplom. Tom.
III. pag. 693. Und p. 701. stehet: Rudgerus filius
Pilgerini Militis de Bucheim. Hier kann das Wort
Pilgerinus zweierlei Bedeutung haben. Es kann ein
Vorname sein. Es kann aber auch einen Zunamen
bedeuten. Der Miles de Bucheim kann eine Wall-
fart vorgenommen haben.

(a) Wachter sagt dieß in seinem Glossario.

(b) Wie in der Anmerkung (z) schon bemerket worden.

(c) Bei den Türken sind dergleichen Namen auch gewöhnlich. Ihre Pilgrime heißen Hadgi (Hadschi), und
dieß bedeutet so viel als Pilgrim. Es ist dieß ein
Ehrenname, und wird von jedem angenommen, welcher eine Reise nach Mecca gethan hat.

ches Pilgramsreuth heißt, und dieß ist von einem Mann, welcher mit seinem Vornamen Pilgram hieß, (Zunamen gab es nicht) am ersten angebauet worden. Aus diesem Vornamen entstund mit der Zeit ein Zuname, wie so viele andere Vornamen sind Zunamen geworden. Aber es wurden auch diejenigen vornehmlich mit diesem Namen beleget, welche eine Reise an einen entfernten heiligen Ort unternommen hatten. Ich will zur Erläuterung dieser Wahrheit etwas aus einer Urkunde vom Jahr 1395. beibringen. (d) Es lautet also: Wilch Pilgrime uff die Straße kommt und wandert. —— Auch sin wir überkomen, wer sine Bedefart wil leisten zu den Heiligen, der sol kommen zu siene Pherner (seinen Pfarrer) oder Capellan und bichten (beichten) und vrlaub bidden sine Bidefart zu leisten und Pherners oder Capellans Brieff nemmen und der Brieff steen soll, uff welchen tag er ist gegeben und uff welcher Stad, Schloß, Dorf oder Hofe er sey und zu welchem Heiligen der Pilgerim wolle wandern; So sol der Pilgerim zur Stund oder binnen dreien tagen ussryten (ausreiten) oder geen seine Bedefart zu leisten; Vnd wers, daß der Pherner sinen Pharmann die Brieff

B 4   umb

(d) Sie stehet in des Freiherrn von Gudenus Cod. Dipl. Tom. III. pag. 606.

umb Gots willen nicht wolte geben, daz er doch bilche tede, so sol man yene nit me (mehr) geben dann ein halb groschen. ——

Hier siehet man nun, was pilgern heißt, nämlich zu einem Heiligen wandern, oder wie man sonst saget, eine Wallfart thun. Diese Pilgrime beichteten auch zuvor, und ließen sich den Segen zu ihrer Reise ertheilen. Sie machten auch Stiftungen, wenn sie konnten, damit ihre Reise glücklich ablaufen möchte. (e) Auch nahmen sie von der Kirche oder aus dem Kloster die Pilgrimstasche und den Wandersstab. (f) Diese Tasche wurde mit Muscheln bezeichnet, besonders von denen, welche nach St. Compostel in Spanien zum Grab des Apostels Jacobs wanderten. (g) Hieher

---

(e) So heißt es unter andern in *Miraei* Donat. Belg. p. m. 481. Ego vero (Philippus Comes Flandriæ) postea dum ad *S. Iacobum* peregre proficerer, pro eorum & mea salute decem hodos tritici ejusdem mensurae superaddidi ——

(f) In des Herrn Pistorius Amœnit. Iur. Hist. Tom. VI. p. 1657. befindet sich von der Tasche und Stock der Pilgrime eine schöne Abhandlung.

(g) Wie dieser Apostel nach Spanien gekommen seie, das erzählen die Legenden der Heiligen umständlich, und ist nicht nöthig, es hier anzuführen.

her war eine der vornehmsten Wallfahrten. Aber was sollen die Muscheln dabei thun? Die Pilgrime mußten Gefäße bei sich haben, womit sie Wasser schöpfen und trinken konnten. Unter allen Gefäßen ist keines zum Reisen, für Fußgänger, leichter, als die Muscheln. Es ist auch keines wolfeiler. Deswegen nahmen sie die Muscheln. Da man aber diese Muscheln St. Jacobs-Muscheln nennet: so muß auch daher die Ursache geleitet werden, warum die Pilgrime Muscheln mit zur Wallfahrt nehmen. Man glaubte nämlich von dem Apostel Jacob ein gleiches. Deswegen wird er insgemein als ein Pilgrim, nämlich mit dem Stab und Muscheln, ingleichen mit einem Kürbis, als mit einer Wasserflasche, an den Altären und sonst vorgestellet. Ob dieß bloße Erdichtung der Maler seie, das will ich nicht behaupten. Ohnfehlbar war eine alte Erzählung, daß der Apostel Jacob dergleichen Muscheln mit sich geführet oder getragen habe. Daher wurden auch diese Jacobs-Muscheln in besondern Ehren gehalten. Man ließ sich in selbigen abbilden. Ja, man nahm sie zu Wappenbildern an, oder bezeichnete den Schild damit. Ich muß hievon ein besonders Exempel anführen. In der Anmerkung zu des Uptoni seltenen Buch de militari officio (und die Anmerkungen sind eben

so selten) wird S. 62. ein engeländischer Ritter, Namens Adam Napton, in Kupfer abgebildet, wie er in einer Kirche im Fenster abgebildet ist, und welcher eine Reisetasche mit Muscheln besetzet um dem Leibe hat, und welches hier, weil jenes Buch nicht nur in Deutschland, sondern auch selbst in Engeland selten ist, aufs neue abgebildet wird. Die Muscheln stellen hier nicht Wappenbilder vor, weil sie nicht im Schilde stehen. Doch war es auch nicht gewöhnlich auf dem Wappenrock, wie dieser Ritter anhat, den Schild abzubilden. Man ließ die Bilder des Schilds ohne den Schild auf den Wappenrock machen oder vorstellen. Die Muscheln stehen hier auf der Reisetasche. Daher sollen sie Jacobs-Muscheln insonderheit vorstellen. Dieser Herr machte damit Staat, und ließ sich damit abbilden. Doch machte er sie auch zu seinem Wappenbild; denn in jenen Anmerkungen wird gesagt, daß er in einem silbernen Schilde drei goldene Muscheln geführet hätte. (h) Und dazu sage ich noch, was Heinrich Spelmann in seinem auch raren Buche (i) von den Muscheln
schreibet:

(h) Was für Familien noch außerdem Muscheln in ihrem Schilde führen, das hat Spener am angeführten Orte S. 276. §. 7. angezeiget.

(i) Aspilogia genannt S. 136.

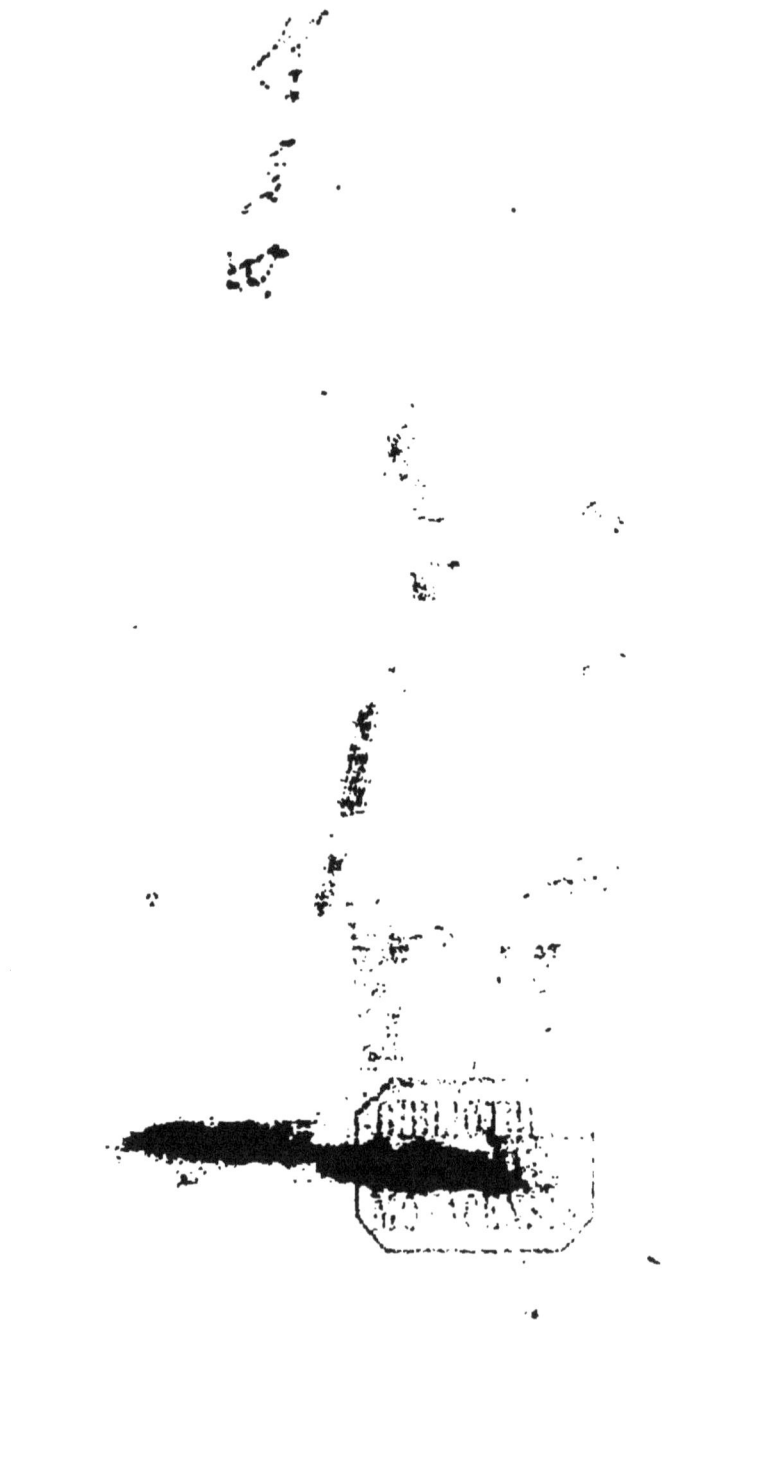

schreibet: Pectines concharum generi attribuit Plinius. Nobile & antiquum gestamen, quo equites Diui Michaelis, propter speciosam venustatem, torquibus suis (quas conchyliatos vocat Lupanus) utuntur. E Compostella redeuntes, huiusmodi multos, pileis affixos (itineris & loci symbolum) gestare solent: sed domi viuentium iusta est notatio, ob id quod Hesiodus concham φερέοικον, quasi domiseram, vocat. Conchiliatae autem vestis is honor fuit, vt Julius Caesar eius usum nisi certis personis & aetatibus, perque certos dies ademit. Author. Tranquillus. Hiebei muß noch dieses angemerkt werden: In Spanien wurde ein besonderer Ritterorden errichtet, und diese Ritter mußten die Pilgrime sicher nach Compostell zum Grabe des heiligen Jacobs begleiten. Hatten diese Pilgrime ihr Gebet verrichtet: so kehrten sie nach Deutschland zurück, und behängten sich mit allerhand Muscheln und anderen Dingen zum Beweis, daß sie eine Wallfahrt nach Compostell gethan. Sie wurden nachgehends in Deutschland die Jacobsbrüder genennet, und führten auch die Muscheln. Man mochte nun diese Muscheln gleich mitnehmen, oder sie in St. Compostell erst bekommen, so hießen sie Jacobs-Muscheln.

§. 6.

§. 6.

Nun denke ich wieder an die Herren von Eib, welche in Nürnberg wohnten. Einer aus diesem Hause that auch aus Andacht, und um Vergebung der Sünden zu erlangen, eine Wallfahrt, und gewiß nach Compostell. Und als er zurück kam: so brachte er auch die Muscheln mit. Nun nennt man ihn den Pilgrim, und dieß aus doppelten Ursachen. Einmal, weil er nach Compostell gepilgert, und dann, weil er zum Zeichen seiner gethanenen Pilgrimschaft die Jacobs-Muscheln in den Schild genommen hatte. Er that nun den Pfauen weg, und nahm an dessen Statt die Muscheln. Diese wurden in besondern Ehren, ja für heilig gehalten; weil sie der heilige Apostel Jacob auch getragen, und weil sie ein Zeichen der geschehenen und vollendeten Reise nach Compostell waren. Und zwar führten sie drei Muscheln, wie damals gewöhnlich war, nämlich 2 und 1, weil sie so besser in die Augen fielen, und auch der Schild mehr ausgefüllet wurde. Diese Muscheln aber waren nicht blau, wie im Hocker S. 115 angeführet wird. Sie waren vielmehr roth in einem weißen Schild, wie sie in den Nürnberger Chroniken und auf andern Monumenten richtig vorgestellet werden. Weiß und roth aber wurde

des-

wegen beliebt, weil sie die Leibfarbe der Frauen war. Auf dem Helm aber hatten sie einen doppelten weißen Flug, welcher Schwanenflügel vorstelle sollen, und davon jeder mit drei Muschelu bezeichnet war (k). Nun wird zwar oben in der alten Beschreibung des Eibischen Wappens gesagt, daß ein Herr von Eib einen Zug in das gelobte Land gethan hätte, und daß davon die Muschelu herrührten. Aber von einem Zug in das gelobte Land bekamen die Ritter den Zunamen Pilgrim nicht; denn wie viel hundert und tausende hätten nicht diesen Zunamen bekommen müssen? Und auch die Muscheln bekamen sie von diesem Zug nicht; sonst würden sie viele hundert andere Ritter auch angenommen haben. Also hat ein Herr von Eib seinen Zunamen von nichts anders, als von einer Wallfahrt nach St. Compostell erhalten.

§. 7.

Die Herren Pilgrime von Eib sturben mit der Zeit aus. In welchem Jahre dieß geschehen seie, weiß ich nicht zu sagen. (1) Ohnfehlbar ist
dieß

(k) Wie in Siebmachers Wappenbuche zu sehen ist.

(1) In einer Nürnbergischen Urkunde vom Jahr 1332. kommen in den Select. Norimb. Tom. V. pag. 4.
diese

dieß zu Zeiten Carl des Vierten geschehen. Ich schließe dieß aus einer Nachricht, welche man beim Hocker am angezogenen Orte S. 52 auf einer Tafel also lieset: **Herr Ludwig von Eib Ritter Kaiser Carls Gemahl Hofmeister hat die Flügel und Muschat** (nicht Muscheln, sezt Hocker hinzu) **dem Pfahen einbracht zu beßern.** Dieß heißet so viel: Die Herren Pfauen von Eib haben

---

diese Personen vor: Testes præmissorum sunt *Consules* civitatis hujus anni, videlicet Berchtoldus Pfinzine Senior. *Heinrich Pilgreim.* Cunrad Nüzel. Vlrich Chudorfer. Henrich Ortlib. Hermann Ebner. Conrad Grossus. Weiglinus filius Conradi. Bernhardus de novo foro. Fridericus Schopper. Fridericus Holzschuher. Johannes Muffel & Henrich Vorchtel. Item *Scabini* huius anni, videlicet Albertus Ebner. Hermannus de Lapide. Conrad Mentelein. Vlrich Haller. Cunrad Katerbeck. Cunrad Stromeir. Jorgo Vorchtel. Hermann Eisvogel. Berchtoldus Holzschuher. Cunradus Pfinzing filius Friderici. Cunradus Diabolus. Ortlibus gener Rennerii & Hermann Weigel. Dieß sind die vornehmsten Familien, welche damals in Nürnberg gelebet haben. Viele davon sind ausgestorben, so wie auch viele von ältern Familien dieß Schicksal gehabt.

ben das Wappenbild und das Helm-Kleinod der Herren Pilgrime von Eib angenommen, und damit ihr Wappen verbessert. Die Flügel sind die zwei Schwanenflügel, welche sie auf ihrem Helm führeten. Das Wort Muschat ist ohnfehlbar verschrieben oder verblichen, und soll Muschel heißen. Oder vielleicht hießen die Muscheln auch ehehin Muschat; darum stehet dabei, daß Ludwig von Eib

---

gehabt haben. Denn ein Geschlecht vergehet, und ein anderes kommt auf. Unter diesen Personen kommt ein **Heinrich Pilgreim** vor. Da er einer von den Burgermeistern der Stadt Nürnberg war: so konnte er nicht von einer geringen Familie seyn. Ganz gewiß war er aus dem Eibischen Hause, oder ein **Pilgrim von Eib**. Da er schon einen Zunamen, nämlich Pilgrim, hatte: so war nicht nöthig, den Namen Eib dazu zu setzen. Außerdem lebte noch eine Familie in Nürnberg, welche sich Pilgrime nennte. Man kann dieß aus den Monumenten abnehmen, welche auf dem St. Johannes-Kirchhof daselbst befindlich, und in einem Buche besonders beschrieben sind. Und bis jetzt lebet noch eine adeliche Familie, welche sich **Pilgrime** nennet. Ob sie aber diejenige ist, welche zwei ins Kreuz gelegte Pilgrimsstäbe führet, und auf dem Helm eine Pilgerhaube mit Muscheln besetzet, dieß weiß ich nicht zu sagen.

Eib dem Pfahen oder Pfauen die Flügel und Muschel eingebracht. Die Herren von Eib hatten den Pfauen schon im Schild und auf dem Helm. Aber die Flügel nicht, und auch die Muscheln nicht. Deswegen stehet dabei, dem Pfahen oder Pfauen eingebracht, nämlich in das Eibische Wappen. Darum stehet auch das Wort, verbeßert oder vermehrt, dabei. Denn in solchem Verstand wird dieß Wort von den Herolden gebrauchet. Ob aber die Herren von Eib dieß mit Erlaubniß des Kaisers oder eigenmächtig gethan haben, das weiß man nicht. Es kann beides geschehen seyn. Sie nahmen aber dieß Wappenbild nebst den Helmkleinodien deswegen an, weil sie mit den Pilgrimen von Eib einerlei Geschlechts waren, und weil die Muscheln, als religiöse Bilder, für beßer gehalten wurden, als der Pfau. Darum ließen sie den Pfauen im Schild gar weg. Und hiemit wäre der Ursprung der drei Muscheln in dem Eibischen Schilde deutlich gemacht.

§. 8.

Nun muß ich dasjenige noch anführen, was der Herr geheime Rath Estor von dem Eibischen Wappen beigebracht hat. (m) Das Eibische Wappen

---

(m) In der Anweisung zur Ahnemprobe S. 205. S.

pen, sagt er, bestehet aus drei rothen Muscheln, deren zwei oben im Schild, und eine gegen den Fuß desselben auf einem silbernen Schilde erscheinen. Die zwei obern Muscheln liegen in des Schildes Haupte, und die dritte gegen dessen Fuße, dergestalt, daß die Holung auf dem Schilde ruhet, und die Schale der Muschel sich zeiget. Diese drei Muscheln stehen in Form eines Driangels. Auf ieder Muschel sind drei die Länge herunter gehende rothe Adern. Auf dem goldenen gekrönten adelichen Turniershelm wächset ein Pfau in blauer Farbe mit goldenem Schnabel hervor, welcher von der Linken zur Rechten siehet, und den völligen Flug auf beiden Seiten ausbreitet. Diese Flügel sind silbern. Auf dem Haupte trägt er statt des gewöhnlichen Pfauen-Straußes oder drei Püschen, eine goldene Krone. Um den Hals findet sich ein schräg liegendes goldenes Halsband ohne Ring. Die Beschreibung des Eibischen Wappenbildes ist meistens richtig, nur daß die Adern, wie er sie nennt, nicht roth, sondern von brauner Farbe sein. Denn da die Muscheln schon roth sind: so mußten die Adern eine andere Farbe bekommen, wenn man sie sehen sollte. Eigentlich sind es nur Zeichen, daß es Muscheln sein sollen. Aber das Helmkleinod ist nicht richtig angegeben, und auch

C nicht

nicht recht beschrieben; denn was soll ein wachsender Pfau seyn? Diesen Ausdruck haben die Alten niemals gebraucht. (n) Auf einem Schild wächst weder ein Pfau noch was anders hervor. Sodann gehören die zwei Flügel nicht zum Pfauen; denn der Eibische Pfau wurde ohne Flügel abgebildet. Gesezt aber, der Pfau hätte auf dem Helm Flügel: so sind sie doch nicht ausgebreitet. Die ausgebreiteten Flügel aber gehören nicht zum Pfauen. (o) Sie sind vielmehr das Kleinod des Pilgrimischen Helms. Dieß kann man daher abnehmen: Einmal ist in dem Schild der Pfau ohne Flügel

---

(n) Wie ich in der Betrachtung über das Hohenlohische Wappen gezeiget habe.

(o) Spener setzet sie am angezogenen Orte S. 276. in der Anmerkung auch zu den Pfauen, wenn er schreibt: Ex coronata galea pavo cœruleo & viridi colore exsurgens, collum circumdatus monili aureo extremis pennis alarum argentatis. Und dieß sind die Pfauenflügel. Auch weiß ich nicht, ob so richtig seie, daß der Pfau blau und grün müsse abgebildet werden. In einem alten Wappenbuche ist er völlig grün. Aber ich denke, das Blaue seie mit der Zeit grün geworden; denn ein solches Schicksal hat jene Farbe insgemein. Sonst aber, insonderheit in den gebrannten Fenstern wird er blaulicht vorgestellt.

Flügel vorgestellt: folglich kann auf dem Helm auch nicht mehr sein. Dieß ist vernünftig geschlossen. Auf dem Helm kann von einem Thier nicht mehr stehen, als in dem Schilde. Vielmehr kann in diesem von einem Thier mehr stehen, als auf dem Helm, wie man in vielen Wappen sehen kann. Zweitens hat ein blauer Pfau, wie der Eibische ist, keine weiße Flügel. Drittens heißen diese Flügel Schwanenflügel. Solche Flügel schicken sich aber nicht zu einem Pfauen. Es ist in der Heraldic nicht gewöhnlich, einen Vogel mit den Flügeln eines andern Vogels vorzustellen. Ein Pfau muß nothwendig auch Pfauenflügel haben, wie leicht zu begreifen ist. Viertens siehet man in den alten Monumenten zu Heilsbronn, wie Hocker S. 52 berichtet, den Pfauen zwischen den Flügeln. Also gehörten sie nicht zu dem Pfauen. Fünftens siehet man an der prächtigen Statue, welche der Bischof Gabriel, aus dem Hause Eib, dem heiligen Willibald zu Ehren, im Chor der Domkirche zu Eichstätt aufrichten lassen, und welche in Falkensteins Geschichte dieses Hochstifts im ersten Theile gleich zu Anfang in Kupfer befindlich ist, über dem Haupte dieses Heiligen zur rechten Hand das Eibische Wappen und Helmkleinod; aber die Flügel stehen nicht an dem Pfauen: sie

E 2   stehen

stehen vielmehr besonders, und der Pfau stehet mitten darinn, zum deutlichen Beweis, daß die Flügel nicht zum Pfauen gehören. Sechstens sind zu Zeiten des Bischofs Friderich zu Würzburg, eines gebohrnen Herrn von Wirsberg, die Wappen nebst den Helmkleinodien der Fürsten, Grafen, Herren und des Adels, welche vom Hochstift Würzburg Lehen haben, auf ein großes Blatt in Holzschnitt vorgestellt. Darunter ist auch das Eibische Wappen. Hier sind die Flügel auch besonders abgebildet, und der Pfau stehet mitten darinnen. Und so wird der Pfau nebst den Flügeln auch in den alten gemalten Wappenbüchern vorgestellet; wie hier auf der Kupfertafel Num. 3. zu sehen ist. Ja, auch die Muscheln siehet man in einigen Wappenbüchern auf dem Eibischen Helm, nämlich auf beiden Flügeln, und sie gehören auch ganz gewiß dazu. Man siehet also deutlich, daß die Flügel nicht zum Pfauen gehören. Mit der Zeit machten die Maler und Sigelstecher aus Unwissenheit die Flügel zu dem Pfauen. Also siehet man den Pfauen abgebildet in einem Fenster der Kirche zu Großenhaßlach im Fürstenthum Onoldsbach, wo die Herren von Eib, welche zu Vestenberg wohnten, ihr Erbbegräbniß hatten. (p) Der Pfau

---

(p) Ich habe sie der Vorsorge des gelehrten Herrn Senior Oehme zu danken.

Num. 3. p. 36.

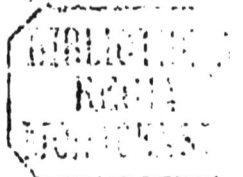

Pfau ist völlig blau und ohne Krone. Ich habe auch die Krone noch auf keinem Eibischen Denkmal finden können: daher zweifle ich, daß sie dahin gehöret, wie Estor vorgibt. Ich glaube, man habe den kleinen Busch, welchen der Pfau auf dem Haupte hat, für eine Krone angesehen. Die weißen Flügel sind auf diesem Denkmal ganz unrecht an den Pfauen gebracht, wie hier auf der Kupfertafel Num. 1. zu sehen ist. So befand sich auch in der Bibliothek des Klosters Heilsbronn eine grichische Bibel, welche iezt in der Universitätsbibliothek zu Erlangen anzutreffen ist, als wohin jene ganze Bibliothek gebracht worden. Auf dem ersten Blatt stehen folgende Worte: Georgius Fridericus ab Eib in Veſtenberg pro tempore Illuſtr. Principis ac Domini Domini Philippi Ludouici Palatini ad Rhenum a conſiliis & Territorii Burglengſeldenſis Praefectus hoc Volumen ſ. Bibliorum ad Dei Gloriam & Vtilitatem docentium & diſcentium in Ill. & celebri Collegio Heilsbronn perpetuae ſui memoriae ergo dedicat, conſecrat, offert Anno P. S. N. 1599. (q) Dabei

---

(q) Die Herren aus dem Eibischen Hause haben von Zeit zu Zeit vornehme Würden im geistlichen und weltlichen Stande bekleidet. Sie haben sich aber auch

ist dieses Herrn von Eib Wappen hineingemalet, wie es hier Num. 2. zu sehen ist. Die Flügel stehen fehlerhaft an dem blauen Pfauen. Wenn nun aber das Eibische Helmkleinod soll recht abgebildet werden: so müßen die Flügel von dem Pfauen abgesondert, und besonders gesetzet werden, oder der Pfau muß zwischen den zweien Flügeln herausssehen, und zwar gerad dahin, wo der Helm hinsiehet; denn so müßen Kleinodien auf dem Helm allemal stehen. Auf dem Helm stehet eine Krone, und

---

auch in der Gelehrsamkeit hervorgethan, welches damals zum geistlichen Stande vornehmlich gehörte oder nöthig war. So schrieb Herr Albrecht von Eib, päbstlicher Kammerer und Domherr zu Bamberg und Eichstätt, ein poetisches Werk, welches zwar nach Gewohnheit selbiger Zeit keinen Titel, am Ende aber diese Worte hat: Anno a N. D. 1472. finita est haec summa *Alberti de Eyb* vtriusque iuris Doctoris eximii, quæ Margaretha poetica dicitur, per industriosum impressoriæ artis magistrum Ioh. Senfenschmidt civem Norimberg. In der Vorrede rühmet er seine Mutter Margaretha von Wollmershausen, welche ihn von Jugend auf zu den Studien angehalten hätte, wie Hocker im Catalogo Biblioth. Heilsbronn. p. 280. bemerket. Die Margaretha poetica muß damals für ein besonders gelehrtes Buch gehalten worden seyn, weil es so oft nachgedruckt worden ist, wie Hocker meldet. Vermuthlich hat dieser Albrecht von Eib im Kloster Heilsbronn studirt;

Num. 1. p. 87.

Num. 2. p. 38.

und dieß ist ein Beweis, daß ein Herr von Eib in einer Schlacht oder bei einer andern Gelegenheit sich besonders hervorgethan hat. (r)

§. 9.

Noch muß ich anmerken, daß die Helmdecken an dem Eibischen Wappen weiß und roth seien: denn diese richten sich nach der Farbe des Schildes und nach dem darinnen befindlichen Bilde. Darnach werden die Herren von Eib ihren Bedienten auch

---

studirt; denn in diesem wurde die Poesie besonders getrieben: deswegen war damals das Sprichwort: Ein Heilsbronner ist entweder ein Poet oder ein Musicus. So studirte der Bischof Gabriel zu Eichstätt verschiedene Jahre zu Erfurt, und sieben Jahre zu Padua in Italien, allwo er auch Doctor geworden ist. In der Klosterkirche zu Heilsbronn ist, nach dem Bericht Hockers, im Antiquitäten-Schatz S. 52 ein Todenschild, welcher diese Aufschrift hat: Anno dni M513. jar ist gestorben d. hochgelehrt ehrbar v. veste Her Caspar von Eyb doctor. Auch dieser Herr hatte wol studirt, weil er hat Doctor werden können. Das hochgelehrt stehet vor ehrbar und vest, wie damals die Personen vom Ritterstande betitelt wurden; denn hochgelehrt gehet auf den geistlichen Stand, oder es war ein Titel, welchen nur geistliche Personen ehehin bekamen, weil diese vormals allein studirten; darum stehet er hier zuerst.

(r) Diese Weise hat man von den Römern gelernt; diese ertheilten tapfern Personen auch Kronen.

auch die Farbe ihrer Kleidung gegeben haben, wie ehehin gewöhnlich war. Ohnfehlbar waren die Röcke weiß und die Aufschläge roth. Und so viel hätte ich von dem Eibischen Wappen zu sagen gehabt.

§. 10.

Doch muß ich zum Beschluß noch diese Anmerkung machen. Im Niedersächsischen Kreise ist eine adeliche oder freiherrliche Familie bekannt, welche sich von Eiben schreibet, und davon einer vor nicht langen Jahren Reichskammergerichts-Assessor zu Wezlar war, welcher die Tochter des zu Stockholm enthaupteten Görzens zur Gemalin hatte. Diese Herren von Eiben führen einen ausgebreiteten Pfauen im Schilde, und auf dem Helm wieder einen Pfauen, welcher sonst wachsend genennet wird. Sollte diese Eibische Familie nicht von der Fränkischen abstammen? Ohnfehlbar; denn der Name und das Wappenbild, welches beide Familien führen, machen dieß höchst wahrscheinlich, ja ganz gewiß. Ohnfehlbar hat in den ältern Zeiten einer aus dem Hause der Herren von Eib in Franken sich im niedersächsischen Kreise niedergelassen, und den Namen Eib in Eiben verwandelt. Es ist dieß auch eine ganz geringe Veränderung.

Nöthige Zugabe.

Da ich dieses niedergeschrieben und bereits zum Verlag gegeben hatte, erhalte ich von dem berühmten Herrn Hofrath Meusel in Erlangen, zu meinem besondern Dank, den 7ten Theil seines beliebten Geschichtsforschers, in welchem man S. 59 von meinem in diesem Jahre in die Ewigkeit gegangenen Freunde, dem Herrn Hofrath Lang zu Wallerstein, dieses lieset:

Koniekturen — *praetereaque nihil* — über das Eybische Wappen.

Das ältere Wappen der Fränkischen Freyherren von Eyb (*Ibe*) ist von demjenigen, das ist, heut zu Tag führen, sehr unterschieden. Es ist, wie man kaum vermuthen sollte, redend, indem es, wie der Augenschein auf einem Sigel Conrads von Eyb, oder Cunz von Ibe (wie er in der Urkunde selbst genennet wird) vom J. 1366. zeiget, einen *Ibis-Falo* vorstellet, eines ägyptischen Vogels, der

einem

einem Storche sehr ähnlich siehet, und einen gebogenen Schnabel und hohe Füße hat. Hocker und Falkenstein behaupten aus einem alten MSC. daß die Herren von Eyb oder Jwe in dem Schild und auf dem Helm einen Pfauen geführt hätten. Vielleicht könnte also auch dieser Vogel, den ich für einen Ibis ansehe, ein Pfau seyn. Die Sigelstecher waren vor Zeiten so genau nicht. Es ist bekannt, daß sie willkührlich bald etwas hinzu, bald etwas hinweggethan, und durch ihre rasche Einbildungskraft die Zirkel der spätern Forscher nicht selten gewaltig gestöhret haben.

Hierüber muß ich meine Gedanken vortragen. Allerdings sind dieß nur Muthmaßungen. Die Herren von Eib müssen ihr Wappenbild am besten gekennt haben. Sie müssen gewiß gewußt haben, daß dieser Vogel einen Pfau vorstellen solle; denn sonst hätten sie sich nicht darnach nennen, oder ihren Zunamen davon bekommen können. Man hätte sie nicht die Pfauen heißen können. Also war das erste Bild in dem Eibischen Wappen gewiß ein Pfau und kein Ibis. Und unfehlbar haben die Herren von Eib den Namen Pfau fahren lassen, als sie die Muscheln in ih-

ten Schild nahmen. In einer Urkunde vom J. 1386. kömmt dieser Name das letztemal vor, wie ich in dem zweiten Versuche der Burggräflich-Nürnbergischen Historie S. 72 angeführet habe; denn da heißt es: Heinrich von Eib genannt Pfabe. Doch ist hiebei auch dieß zu bemerken, daß die Herren von Eib den Namen Pfau nicht allemal geführet haben.

Nun muß ich noch einen gelehrten Herrn von Eib anführen. So stehet in dem Heilsbronnischen Todenkalender in den Jungischen Miscellanen im zweiten Theile S. 45 unter dem 12. Nov. Feria sexta post Martini est anniv. Domini Ludewici de Eyb senioris Militis. Magdalenae uxoris suae. *Domini Anshelmi filii eiusdem utriusq. J. D. militisque.*

Dieser Anshelm von Eib war beider Rechte Doctor und Ritter. Der Doctorstitel stehet voraus, weil er eigentlich ein geistlicher Titel war. Dieser Anshelm von Eib hatte sich auch im Kriege hervorgethan: deswegen wurde er zum Ritter geschlagen; darum heißt er hier Miles, das ist,
ein

ein Ritter. Dieß war ein vornehmer Titel: aber der Doctor übertraf ihn doch.

Zum Beschluß bemerke ich noch, daß wenn ehehin jemand Doctor wurde, es feierlicher zu gieng, als heut zu Tag; denn ehe die Promotion vorgieng, wurde in der Stadt erst ein Umritt von etlichen hundert Personen gehalten, und je vornehmer die Person war, welche Doctor wurde, je mehrere Personen ritten mit.